# Glücks-Orakelbuch

*Lass dein Glück entscheiden*

Postfach 10 03 25, 73703 Esslingen
www.esslinger-verlag.de

ISBN 978-3-480-30348-9

G

*Lass*


Postfach 10 03

www.esslinger-verl

ISBN 978-3-48

Glücks-Orakelbuch

# *Lass dein Glück entscheiden*

esslinger
präsent

# *So befragen Sie das Glücks-Orakelbuch*

1. Nehmen Sie das Orakelbuch geschlossen
in beide Hände.

2. Denken Sie über die Frage nach, die
Sie an das Buch stellen wollen.
Formulieren Sie Ihre Frage als Ja-Nein-Frage.
Konzentrieren Sie sich 10-15 Sekunden auf Ihre Frage.

3. Stellen Sie jetzt laut Ihre Frage an das Buch.

4. Wenn Sie denken, dass der richtige Zeitpunkt gekommen
ist, schlagen Sie das Buch an einer beliebigen Stelle auf.

Das Buch zeigt Ihnen die Antwort.

*Es ist besser, noch damit zu warten.*

*Du bist auf dem richtigen Weg.*

*Jemand wird dir dabei helfen.*

*Der Weg ist das Ziel.*

*Höre auf deinen Kopf und*
*nicht auf deinen Bauch.*

*Es wird eine zweite Chance geben.*

*Nein*

# Zweifelsohne

*Versuche es.*

*Mach den ersten Schritt*
*vor dem zweiten.*

*Du hast die Entscheidung*
*bereits getroffen.*

*Es wird gut ausgehen.*

*Es ist nicht richtig von dir.*

*Du musst dich schnell entscheiden.*

*Nutze deine*
*Möglichkeiten besser aus.*

*Übe dich in Geduld.*

*Das Glück ist auf deiner Seite.*

Ja, du kannst dir ganz sicher sein.

Nimm das Angebot an.

*Ja, es ist besser so.*

*Es ist Zeit für Veränderungen.*

*Es kann sein, dass du dich falsch entscheidest.*

*Pass auf, was du tust.*

*Rede mit deiner Mutter darüber.*

*Bedenke, dass es kein*
*Zurück geben wird.*

*Vielleicht ist es besser so.*

*Es wird dir Glück bringen.*

*Du musst darum kämpfen.*

*Manche Dinge muss man ausprobieren,*
*um zu einer Entscheidung zu kommen.*

*Tue es jetzt oder gar nicht.*

*Es wird dein Leben entscheidend verändern.*

*Nein, du solltest die Finger davon lassen.*

*Es kommt eine dritte Möglichkeit dazu.*

*Du brauchst mehr Zeit.*

Dasselbe Glück erlebst
du nie noch einmal.

*Du kannst es nur mit Hilfe schaffen.*

*Nur Mut, es ist die richtige Entscheidung.*

*Lache darüber und gehe einen anderen Weg.*

*Warte ab, die Entscheidung wird von jemand anderem getroffen.*

Betrachte es aus einer
anderen Perspektive.

*Zögere nicht.*

*Der erste Gedanke ist der richtige.*

*Der nicht wagt, der nicht gewinnt.*

*Du kannst es nicht allen recht machen.*

*Ja, lasse dir nicht reinreden.*

*Es gibt kein Richtig oder Falsch.*

*Verschwende deine Zeit nicht.*

*Zum Glücklichsein gehört auch Mut.*

*Die Dinge sind nie, wie sie scheinen.*

*Vertrau auf dein Glück
und du ziehst es herbei.*

*Lass alles beim Alten.*

Es lohnt sich.

*Es wird dich jemand auf deinem Weg begleiten.*

*Schließe deine Augen und du wirst die Antwort sehen.*

*Gehe es langsam an.*

Nein

*Es ist kein guter Moment dafür.*

Du solltest vorher noch ein Problem aus der Welt schaffen.

*Sag einfach ja.*

*Sieh nicht nur das Negative.*

*Denke nicht länger darüber nach.*

*Es wird besser, als du*
*es dir erträumt hast.*

*Niemand kann dir die Entscheidung abnehmen.*

*Bereite einen Plan B vor.*

*Manchmal muss man auf sein Bauchgefühl hören.*

*Es ist noch nicht so weit.*

Bitte einen Freund um Hilfe.

*Bringe zuerst etwas anderes zu Ende.*

*Es wird nicht leicht werden.*

Du brauchst dir keine Sorgen machen.

*Warte es ab.*

*Du brauchst eine*
*neue Herausforderung.*

*Es spricht zu viel dagegen.*

*Freiheit und Lebensglück*
*bestehen im Loslassen.*

*Mach dir keine*
*Gedanken über andere.*

*Das Glück ist so nah, du musst nur danach greifen.*

*Zweifle nicht daran.*

*Erbitte dir Bedenkzeit.*

*Es wird noch etwas dauern.*

*Es könnte nicht besser kommen.*

# Niemals

*Gib nicht so schnell auf.*

*Du siehst den Wald vor lauter Bäumen nicht.*

*Nein, es ist besser zu warten.*

*Du wirst enttäuscht sein.*

*Ja, darauf hast du gewartet.*

*Mach weiter.*

*Es wird eine Überraschung geben.*

Versuche dein Glück.

*Es könnte ganz besonders werden.*

*Du wirst erleichtert sein.*

Wenn du genug Kraft dafür hast.

*Es wird wie ein Blitz einschlagen.*

*Sichere dich ab.*

*Warte bis zum Vollmond.*

*Du musst einen Kompromiss eingehen.*

*Ein tiefer Fall führt oft
zu höherem Glück.*

*Spring über deinen Schatten.*

*Das Glück ist im Grunde nichts anderes als der mutige Wille.*

*Achte auf die kleinen Zeichen.*

*Nur gemeinsam könnt ihr es schaffen.*

Ja

Du solltest noch damit warten.

*Ja, setze es in die Tat um.*

*Deine erste Pflicht ist, dich selbst glücklich zu machen.*

*Deine Entschlossenheit wird dich leiten,*
*egal wie du dich entscheidest.*

*Du kannst nichts erzwingen.*

Du belügst dich selbst.

Die Tür zum Glück geht nach außen auf - wer sie einzurennen versucht, der verschließt sie nur.

*Ja, gehe volles Risiko -*
*- du wirst dafür belohnt werden.*

*Zum Glück gehört, dass man
irgendwann beschließt,
zufrieden zu sein.*

*Es liegt nicht in deiner Hand.*

Tue es nicht.

*Es wird sich eine bessere Gelegenheit finden.*

*Ja, aber es wird nicht lange anhalten.*

*Habe einen starken Willen*
*und du findest dein Glück.*

*Du musst die Initiative ergreifen.*

# Vielleicht

*Es ist nicht leicht, alles auf einmal zu ändern.*

*Du wirst es fabelhaft umsetzen.*

*Die Gelegenheit wird sich so schnell nicht mehr ergeben.*

*Man braucht nur mit Liebe einer Sache nachzugehen, so gesellt sich das Glück hinzu.*

Du brauchst etwas Kreativität.

*Gehe deinen eigenen Weg.*

Sag nein.

*Gehe die Sache gelassener an.*

Ja, nimm die Herausforderung an.

Entscheide dich für die einfachere Variante.

Frag deine Mutter.

*Gebrauche deinen Mut.*

*Du kannst dein Glück noch nicht sehen, aber es wird dich finden.*

*Behalte es für dich.*

*Man muss manchmal das Glück herausfordern.*

*Man weiß selten, was Glück ist,
aber man weiß meistens,
was Glück war.*

Bringe es hinter dich.

Du solltest jemanden bitten,
dir zu helfen.

Nein

*Versuche es abzusichern.*

*Vergiss eine alte Entscheidung.*

*Es wird besser, als du erwartest.*

*Ja, aber versuche es nicht zu erzwingen.*

*Es ist unnötig.*

*Bringe es bald in Ordnung.*

*Bedenke die Gefühle eines anderen.*

*Es wird dich nicht glücklich machen.*

*Überdenke die Alternativen.*

*So naiv wirst du nicht sein.*

*Okay, du bist bereit dafür.*

*Vergiss nicht: Glück hängt nicht davon ab, wer du bist oder was du hast. Es hängt nur davon ab, was du denkst.*

Du wirst so oder so glücklich werden.

Das Risiko ist groß,
aber du wirst Erfolg haben.

*Nimm die Dinge, wie sie sind.*

*Ja, es ist deine Chance zu gewinnen.*

*Bringe dich nicht in Gefahr.*

Die Chancen stehen 50 zu 50.

*Der Zufall wird entscheiden.*

Vielleicht gibt es noch
einen anderen Ausweg.

*Es liegt in deinen Händen.*

*Du wirst für deine*
*Entscheidung bestaunt werden.*

*Nein, sei vernünftig.*

*Warnung: Es könnte sein,*
*dass man dich fallen lässt.*

*Zweifle nicht an deinen Taten.*

*Versuche, es dir nicht anmerken zu lassen.*

*Glücklich ist, wer hofft.*

*Warte auf ein besseres Angebot.*

*Verlange im Moment nicht mehr.*

*Frage einen Vertrauten um Rat*
*- und tue das Gegenteil.*

Das Glück steht auf deiner Seite.

*Nein, lasse alles beim Alten.*

*Behalte deine Beweggründe für dich.*

*Es wird großartig werden.*

*Lass dich nicht drängen.*

Dein Wunsch ist unerreichbar.

*Nun mach schon!*

*Sei wachsam und halte die Augen auf.*

*Es ist nicht alles Gold, was glänzt.*

# *Schritt für Schritt*

Mach eine Pro- und Contra-Liste.

*Das Glück wird einen Weg finden.*

*Leider ist es im Moment ungünstig.*

*Manchmal muss man erst mit sanfter Gewalt auf sein Glück gestoßen werden.*

Du scheinst blind zu sein.

*Nein, es wird dir Unglück bringen.*

*Wenn man glücklich ist, soll man nicht noch glücklicher sein wollen.*

*Ja, du hast nur diese Gelegenheit.*

*Kein Mensch kann*
*wunschlos glücklich sein.*

*Überzeuge erst deine Mitmenschen.*

*Genieße den Augenblick.*

Nein, du bist zu gutmütig
für diese Aufgabe.

*Es wird Zeit für einen Umschwung.*

*Ja, das Glück ist zum Greifen nahe.*

*Lass es auf dich zukommen.*

*Der Zufall ist auf deiner Seite.*

*Nein, die Zeit läuft dir davon.*

*Du kannst dir ganz sicher sein.*

*Du wirst deine Entscheidung bereuen.*

Das Glück liegt auf der Straße.

*Trenne dich davon.*

Der 6. des Monats ist ein guter Zeitpunkt dafür.

*Sei großzügiger.*

*Lass dich nicht ablenken.*

*Das Leben ist wie ein Spiel,*
*man kann auch mal verlieren.*

*Tue es, du wirst es nicht bereuen.*

Der Moment ist günstig.

*Vorausgesetzt, du kannst es mit deinem Gewissen vereinbaren.*

*Einige Probleme müssen überwunden werden.*

*Verlasse dich nicht auf andere.*

# Fraglos

*Hör genau hin und du wirst die Antwort hören.*

*Warte.*

*Mach kleine Schritte.*

*Du brauchst diese Erfahrung.*

*Es wird ein teures Vergnügen werden.*

*Es ist dir eigentlich egal.*

*Nutze deine Position.*

*Du bist auf dem falschen Weg.*

Gib jemand anderem die Chance.

*Halte durch.*

*Du musst einen Schlussstrich ziehen.*

*Achte auf dein Geld.*

*Du musst die Initiative ergreifen.*

Der Verlag übernimmt keine Verantwortung für die Richtigkeit der Ratschläge und Antworten, die dieses Buch gibt. Auch für die Umsetzung dieser Tipps übernimmt der Verlag keine Haftung.